싱글로 가는 길 2

이상무 글·그림

아키온
ARCHAEON

싱글로 가는길 ②

개정판 1쇄 | 2012년 5월 21일
개정판 4쇄 | 2020년 4월 30일

글 그 림 | 이상무
펴 낸 곳 | 아키온
펴 낸 이 | 김영길
등록번호 제 2013-000032호
주   소 | 서울특별시 강북구 오패산로 30길 74-201(미아동)
전   화 | 02-365-6368
팩   스 | 02-365-6369
E-mail : dongin365@hotmail.com

ISBN | 978-89-8482-134-7(세트)
ISBN | 978-89-8482-135-4

정가 16,000원

저자의 동의하에 인지부착은 생략합니다
잘못된 책은 구입하신 서점에서 교환해 드립니다

서 문

이제는 골프가 대중적인 스포츠이자 여가수단으로 확실히 자리잡았다. 이는 골프가 가진 특별한 매력들이 대중에게 인식되어 지속적으로 참여를 유도하기 때문일 것이다. 본인도 25년 전에 골프를 시작하여 지금까지 계속 특별한 느낌을 가지고 골프를 접하고 있다. 필드에 나갈 때마다 신선한 두근거림이 있고 잘하려는 의욕이 생겨난다.

결코 짧지않은 세월을 골프와 관계하며 살면서 그 동안 골프관련 도서를 여러 권 출간하고 신문,방송 등에 출연하다보니, 본인의 직업도 만화가에서 이제 '골프만화가'로 바뀌지 않을까 염려가 된다. 그러나 골프레슨과 만화의 결합은 본인의 의도보다 훨씬 효과적인 골프레슨 수단이 된다는 점이 기쁘기 그지 없다.

이 책은 이미 10여년 전에 '스포츠조선'에 연재되고 출간되어 많은 독자들의 호평을 받은 것이다. 그러나 당시에 여러가지 조건상 편집이나 교정 등에 제한이 있어서 이번에 이를 보완하여 내용의 배열을 바꾸고 철저히 교정했으며, 흑백 인쇄를 풀컬러로 전면 개정을 통해 그 동안 내가 독자들에게 가졌던 마음의 빚을 조금이나마 덜고싶은 마음으로 다시 책을 꾸며보았다. 아직 미진한 부분이 많으므로 독자의 질책을 달게 받겠으며, 앞으로 더욱 새롭고 내용있는 책으로 보답하겠다는 약속을 드린다.

이 책의 특징으로는 첫째, 기초에서 고급테크닉까지 구체적이고 재미있게 설명했다. 둘째, 글이나 사진으로 설명하기 어려운 부분을 그림을 통해 설득력있게 보여줌으로 실력향상에 현실적인 도움이 된다. 셋째, 모든 운동이 그렇듯 골프도 자신과 타인과 공간환경과의 관계속에서 이루어지는 운동이다. 이 책은 골퍼가 자신이 처한 환경과의 적절한 관계설정을 통해 골프와 인생을 즐기는데 도움이 될 것이다.

'골프가 싱글핸디캡이면 인생은 9단이다.' 독자여러분의 일취월장을 기대한다.

2012. 5

이상욱

차 례

제1장　파워 골프 ·· 7
제2장　슬라이스와 훅의 퇴치법 ··············· 41
제3장　경사면 ·· 71
제4장　러프 ·· 131
제5장　비·바람 대처법 ······························ 165
제6장　심리골프 ·· 207
제7장　매너, 룰 ··· 237
제8장　홀 공략법 ·· 265

제 1장
파워 골프

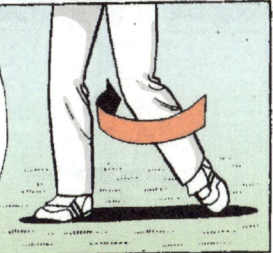

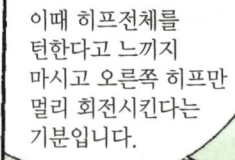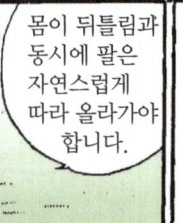

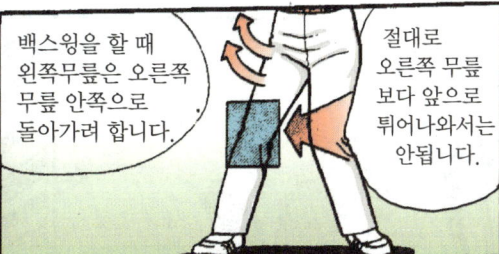

우리는 골프를 배울 때 골프는 왼손으로 치는 것이라고 레슨 프로들에게 수없이 들었을 것입니다.

그러나 파워있는 공, 즉 거리를 얻으려면 오른손의 힘이 가해져야만 가능합니다.

때문에 왼손은 리드 오른손은 파워라는 사실을 염두해 두어야 합니다.

파워 → ← 리드

그렇다고 왼손 오른손이라고 해서 손으로 모든 샷을 구사해서는 안될 것입니다.

손이 아니라 큰 근육 즉 팔근육으로 샷을 하는 느낌이 되어야 합니다.

왼팔은 견고히, 리드 역할을 해주는 것을 잊지 마시고

오른팔은 왼손 리드에 따라 강하게 인사이드로 공을 쳐나가는 샷이 되어야 파워 골프를 할 수 있습니다.
왼손으로만 친다고 생각해서는 거리를 얻을 수 없습니다.

대개 드라이브샷의 거리를 늘리기 위해서 몸을 많이 틀어주라고 주문을 합니다.

또한 백스윙 때 체중이 오른발 안쪽에 걸리도록 해주라고 합니다.

밖으로 분산 되면 자세가 흐트러지기 때문입니다.

그러나 오른발 안쪽에 체중을 걸려고 하면 이상하게 백스윙이 커지지 않는 경우가 생깁니다.

이럴 때 백스윙을 크게 가져가려고 한다면 오른발 안쪽이 아니고 오른발 뒤꿈치에 체중이 걸치는 기분으로 체중을 이동해 보시기 바랍니다. 백스윙이 커지는 걸 느낄 것입니다.

물론 오른발 안쪽에 체중이 걸치도록 하는게 옳은 일이지만 너무 그것에 얽매이다가 스윙이 작아지기도 하기 때문입니다.

골프에서 어떤 주문을 해올 때 너무 고지식하게 거기에 얽매이면 나쁜 결과가 오기도 합니다. 응용하는 슬기가 필요 합니다.

제 2 장
슬라이스와 훅의 퇴치법

슬라이스 방지법 중에 자기의 몸이 오픈되는 것을 막아주는 것이 가장 도움이 됩니다.

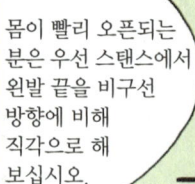

몸이 빨리 오픈되는 분은 우선 스탠스에서 왼발 끝을 비구선 방향에 비해 직각으로 해 보십시오.

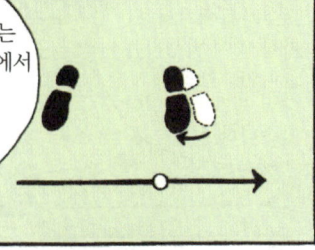

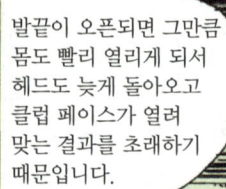

발끝이 오픈되면 그만큼 몸도 빨리 열리게 되서 헤드도 늦게 돌아오고 클럽 페이스가 열려 맞는 결과를 초래하기 때문입니다.

다운스윙 때 오른쪽으로 돌아간 왼무릎이 공의 위치보다 앞으로 밀려나가지 않도록 잡아주는 것도 슬라이스 방지법입니다.

오른쪽 어깨는 백스윙에서 다운스윙에 이르는 동안 잡아준다는 느낌으로 임팩트를 맞이합니다.

오른쪽 어깨는 절대 왼쪽 어깨보다 앞으로 나오지 않도록 하며 임팩트 해줍니다.

또하나 오른발 뒷꿈치는 임팩트를 끝내고 나서 올립니다.

이상과 같이 가장 범하기 쉬운 슬라이스 방지법을 포괄적으로 말씀드렸습니다. 자기는 이중 어느 경우인지를 빨리 터특하셔서 슬라이스를 막아보세요.

어… 어…. 페이드볼이 나왔어.

아이언샷의 슬라이스나 페이드볼의 발생 원인은 스윙이 빠른데 있어요.

힘을 빼라거나 스윙을 천천히 가져가라거나 하는 이유가 거기에 있습니다.

허리, 어깨의 빠른 동작이 팔과의 일체감을 가져오지 못해서 페이드볼이 나는 것입니다.

이는 천천히 스윙을 해주면서 왼쪽 발 끝이 피니시 때까지 어드레스 때와의 방향 그대로 유지하면 정확한 아이언샷이 됩니다.

왼발 바깥쪽에 고정판을 설치했다는 기분으로 피니시때까지 왼발 끝이 움직이지 않도록 해보세요.

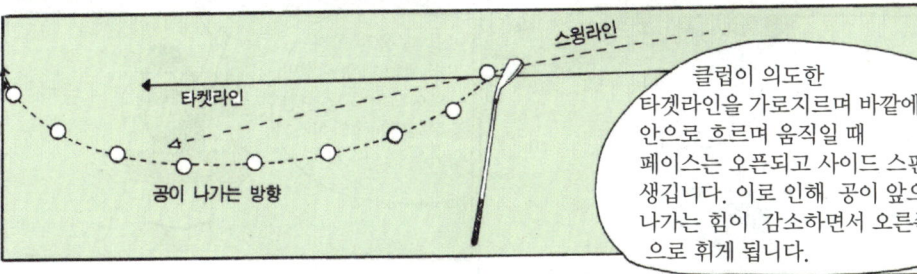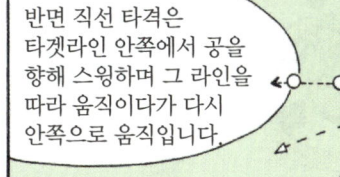

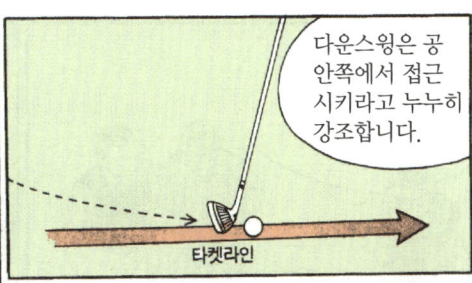

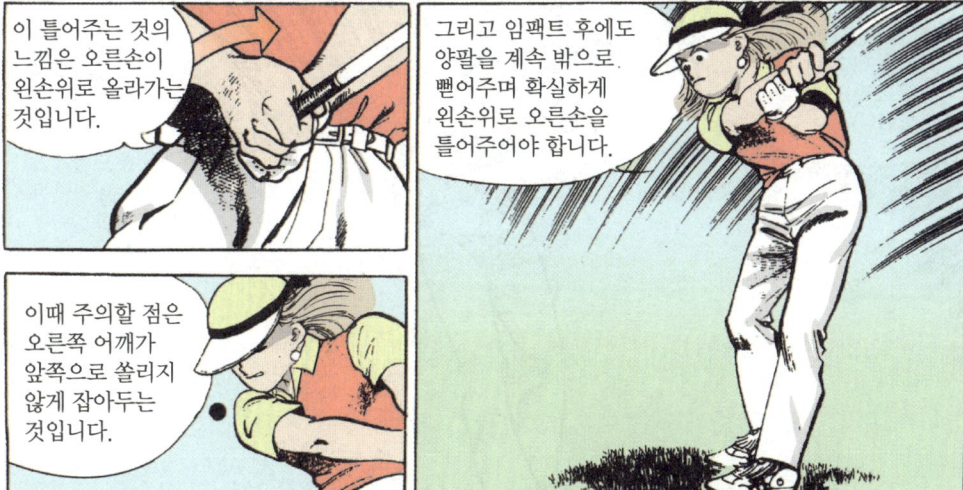

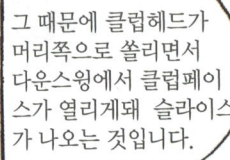

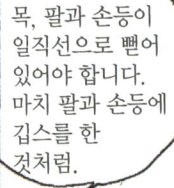

우왓!
슬라이스다.
딱
이런 슬라이스는 졸업한 줄 알았는데
큰소리 하지 마세요.
골프에 마스터 했다는 경우는 없어요. 언제고 무너질 수 있는 것이 골프니까요.
그러기 때문에 골프는 상급자가 돼갈수록 겸손을 배우게 되죠.
그럼 방금전 뭐가 또 무너져서 슬라이스가 났죠?
대개 이럴 때 점검 해보는 것이 엉덩이의 회전상태입니다.
엉덩… 부끄러운 곳이군.
백스윙때 뒤틀은 상태와 더불어 엉덩이도 돌아갑니다.
다운스윙때 이 엉덩이를 돌리지 않고 그냥 옆으로만 흐르듯 밀었을 때 슬아이스가 발생합니다.
백스윙때 왼쪽 엉덩이와 어깨가 공과 일직선이 되도록 오른쪽으로 틀어줍니다.
이때 엉덩이 동작이 적절히 턴이 된다면 몸의 나머지 부분은 자동적으로 따라 갑니다.
다운스윙때 오른쪽 엉덩이를 의식적으로 목표방향으로 돌려 줍니다.

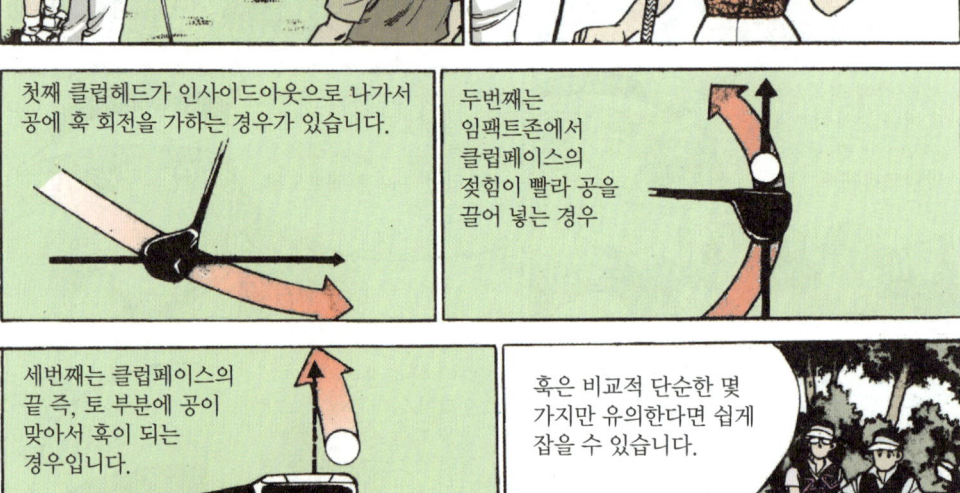

훅이 발생하는 원인 중에 가장 흔한 것이 바로 그립에 의한 것입니다.

대개 슬라이스가 난다거나 거리를 늘리기 위해 파워 그립을 잡는 사람이 있습니다.

이는 어드레스 상태에서 손등이 앞으로 향하는 그립입니다.

거기다 오른손에 힘을 싣기위해 왼손 엄지손가락을 완전히 감싸주지 않고 열어서 잡는 경우입니다.

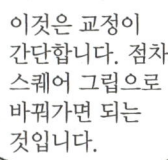

이것은 교정이 간단합니다. 점차 스퀘어 그립으로 바꿔가면 되는 것입니다.

그립의 정석대로 왼손엄지를 그립 중앙에 맞춰 잡는 것입니다.

거리를 늘리기 위해 의식적이든 무의식적이든 그립이 돌아가 있는 것을 체크해 보십시오. 훅은 의외로 쉽게 잡혀질 것입니다.

그리고 오른손은 왼손 엄지를 생명선으로 감싸주듯 가볍게 얹어 놓는 그립입니다.

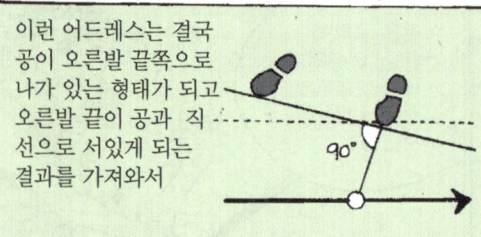

제 3 장

경사면

톱볼이다.

자세가 불안한 경사면에서는 자세가 크면 미스가 나기 쉽습니다.

왼발쪽이 낮은 라이에서의 샷은 발밑이 불안하니 몸의 움직임을 작게 하는 것이 포인트입니다.

준비자세에서 부터 왼발에 중심을 두고 스윙중에 중심을 이동하지 않습니다.

중심이동에 따른 축의 움직임이 없게 스윙을 작게 합니다.

또한 왼쪽다리 중심에서는 백스윙에서 손이 위로 올라갑니다. 아웃사이드인의 스윙이지요.

아웃사이드인 이니까 슬라이스가 나오기 때문에 처음부터 목표를 왼쪽으로 잡습니다.

중요한 것은 경사면을 헤드가 따라가도록 샷을 합니다.

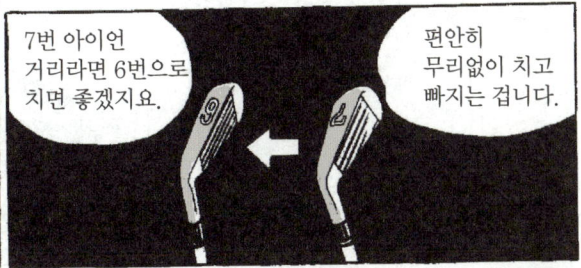

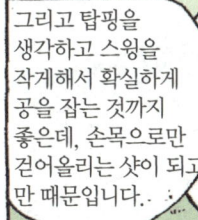

생크는 다운힐라이에서도 자주 발생합니다.

대개 이런 라이일 경우 탑핑 확률이 높기 때문에 골퍼들은 그것에 잔뜩 신경을 쓰게 됩니다.

공을 히트할 때 일어서지 않아야 한다는 주의감에서 아주 넉넉히 클럽헤드를 깊이 넣으며 공을 잡으려 합니다.

이렇게 깊이 넣어 착실히 공을 잡겠다는 마음에서 지나치게 임팩트 순간 팔을 뻗습니다.

이때 오른손을 너무 깊이 넣었을 때 클럽헤드는 앞으로 나오며 목부분에 공이 맞는 현상이 생깁니다.

대개 어느 한쪽을 너무 의식해서 샷을 했을 때 그 반대의 악영향을 받는 경우가 왕왕 발생합니다.

다운힐 라이에서 탑핑을 막아야 합니다. 이럴 때 일수록 아웃사이드인의 스윙으로 오른손이 앞으로 내 밀리지 않게 오른쪽 어깨를 단단히 잡고 샷을 해 나갑니다.

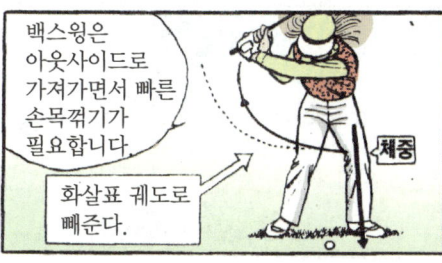

오늘은 스탠스가 거북한 라이중의 하나인 업힐에서의 샷을 연구해 보도록 하겠습니다.

업힐라이란 목표방향이 높은 것을 말합니다.

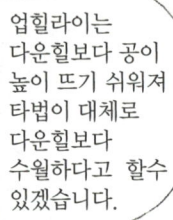

업힐라이는 다운힐보다 공이 높이 뜨기 쉬워져 타법이 대체로 다운힐보다 수월하다고 할수 있겠습니다.

그러나 높이 뜨는 관계로 예상보다 거리가 나지 않습니다. 때문에 업힐라이에서는 한클럽 길게 잡는 것이 좋습니다.

또 하나 업힐에서는 탑핑이나 더프가 많아지는데 이는 평지와 같은 요령으로 치기 때문입니다.

우선 업힐 라이에서의 스탠스는 평지보다 약간 더 넓게 선다는 느낌으로 어드레스해 줍니다.

이렇게 되면 체중은 자연히 오른발에 실리게 됩니다. 그러나 공의 위치는 왼발쪽입니다. 그렇다고 해서 너무 왼쪽으로 모으면 더프나 탑핑이 많아지니 주의해야 합니다.

머리는 오른발 위에 있어야 알맞은 어드레스 입니다.

경사진 면을 무리해가며 바로 서지 말고 어깨가 평행이 되도록 해줍니다.

다운힐 라이에서 가까우면서 낮은 그린을 노릴 때가 있습니다.

공은 평지 때보다 오른쪽에 둡니다.

공의 위치가 왼발에 치우치면 더프가 되기 쉽습니다.

그리고 오픈 스탠스로 어드레스 자세를 취합니다.

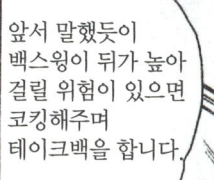

앞서 말했듯이 백스윙이 뒤가 높아 걸릴 위험이 있으면 코킹해주며 테이크백을 합니다.

숏아이언 때는 지나치게 팔로만 한다는 생각을 버립니다.

오른쪽 무릎을 왼무릎 쪽에 모아주며 다운스윙을 해들어갑니다.

이처럼 왼무릎을 고정시킨 상태에서 오른쪽 무릎을 왼쪽 무릎쪽으로 끌어 모으듯 다운스윙을 가져간다면 더프 염려가 없이 부드럽게 다운스윙이 이루어지며 온 그린 시킬 수 있게 될 것입니다.

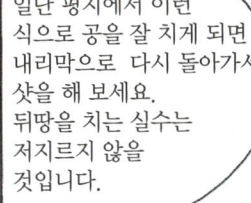

제4장

러프

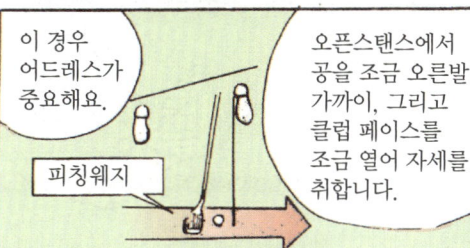

나도 비러프에 들어왔다.
위에서부터 치는 거라고?
퍽
어이쿠 공중볼이다.
러프였지만 공은 떠있었어요.
공이 잔디에서 떠 있을 때 위에서부터 치면 헤드는 공의 밑을 빠져나가 공중볼이 되기 쉽습니다.
이와같이 공이 러프에 있는 경우는 먼저 라이를 신중하게 관찰하는 것이 중요합니다. 공이 깊이 묻혀있으면 200야드 남아있더라도 웨지를 칠 수 없으며 떠 있으면 우드로도 칠 수 있습니다.
즉 사용클럽이나 치는 방법은 남은 거리가 아닌 라이가 결정합니다.
8-9번 아이언 이하
우드나 롱아이언 가능
샌드웨지 이하 불가
우드는 불가능 미들아이언을 사용

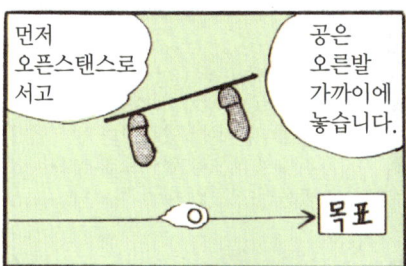

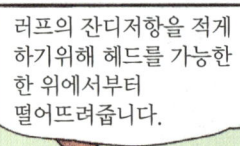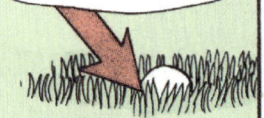

러프에서 공이 깊이 파묻혀 있을 때는 매우 난감해 지는 경우이기도 합니다.

이럴 땐 풀의 저항이 심해서 멀리 보낸다는 것이 매우 어렵습니다.

대개 이런 경우 조금이라도 멀리 보내려고 한두 클럽씩 길게 잡으려 드는데 그건 매우 잘못된 생각입니다.

이럴땐 골프 명언을 생각하세요. 150야드 날리려고 하면 50야드 밖에 날지 않고 50야드 날리려 하면 150야드가 날 것이다.

깊은 러프일 경우 가급적 숏아이언이나 피칭을 선택합니다.

숏아이언은 헤드가 무거워서 풀의 저항을 이겨내기에 적합합니다.

그리고 클럽은 가급적 짧게 잡습니다.

왼손 그립은 스트롱 그립으로 덮어서 잡아주면 헤드를 빼기가 쉬워 집니다.

이럴 때 일수록 빠져나가려고 힘껏 공을 잡아 가는데 그래서는 안됩니다. 리드미컬하게 위에서부터 공을 잡아나가 보세요. 의외로 많은 거리로 탈출이 쉬워집니다.

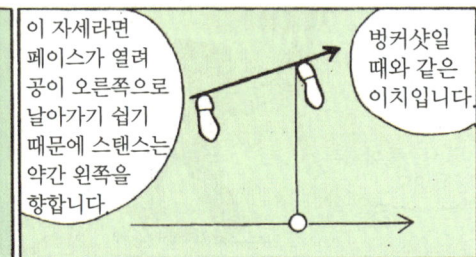

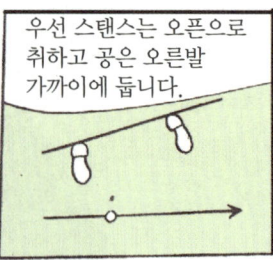

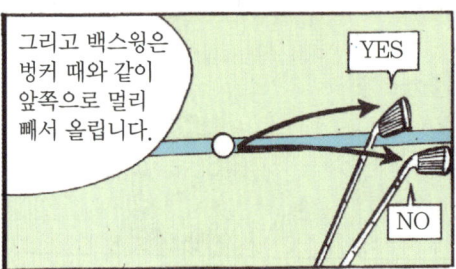

제 5 장

비·바람 대처법

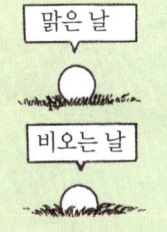

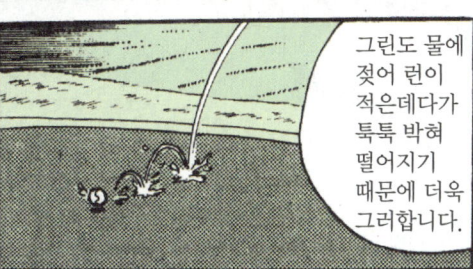

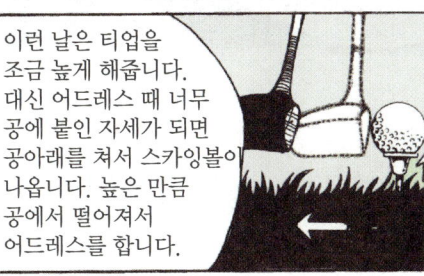

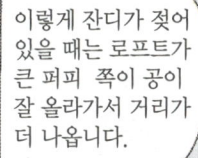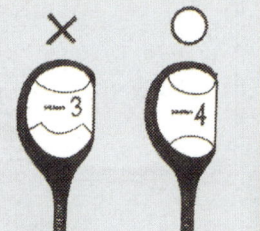

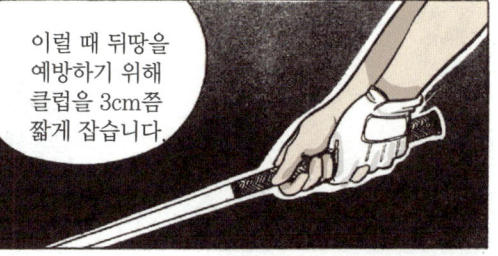

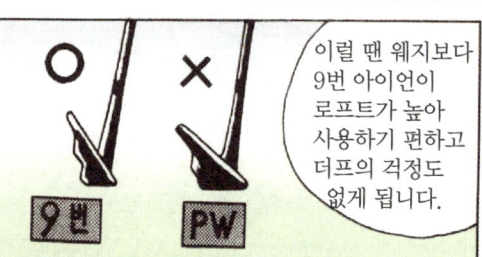

비오는 날 그린 에프론에 공이 파묻혀 있을 때 퍼터로 공략하기는 무척 힘이 듭니다.

이럴 때 피칭웨지나 숏 아이언으로 러닝어프로치를 시도하게 되는데

이 때도 물에 젖은 잔디의 저항을 생각해야 합니다.

짧은 거리일수록 가볍게 샷을 하는게 일반적인 공략이지만

잔디의 저항으로 인해 헤드가 빠지지 않아 방향이 왼쪽으로 흐르는 경우가 많습니다.

이 경우도 평소때보다 가급적 강한 그립으로 빠지지 않는 헤드의 뒤틀림을 막아주는 샷이 필요합니다.

그리고 무리하게 클럽을 뺀다거나 쓸어치는 느낌이 아닌 위에서 공을 찍어주고 만다는 느낌으로 어프로치 해주는 것이 잔디의 저항을 이기는 방법입니다.

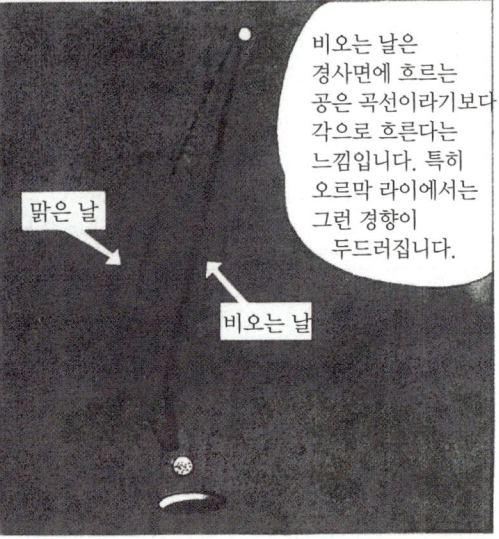

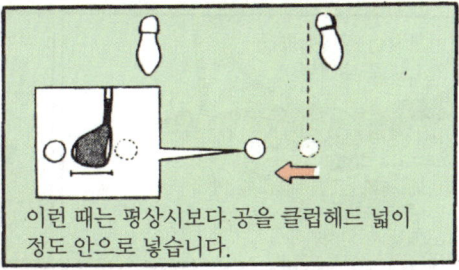

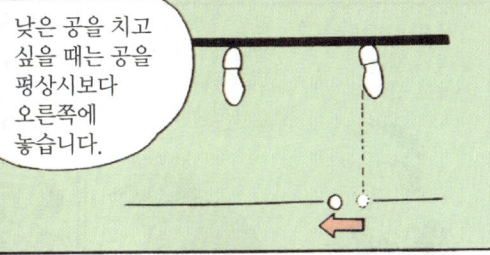

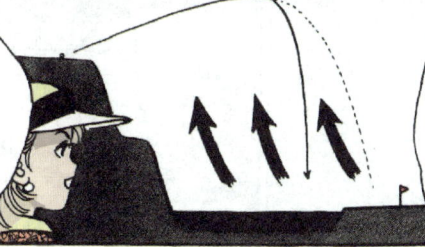

거리죠. 어디서 어디까지의 거리냐라는 것입니다.

일반적으로 웨이크 라운드의 중앙에서 그린까지의 코스와

그린 중앙까지의 코스가 있습니다.

골짜기 너머에 이와 같이 내려 칠 때의 공은 상승기류에 주의하라고 했는데…

바람 이외에 주의 할점은 또 무엇이죠.

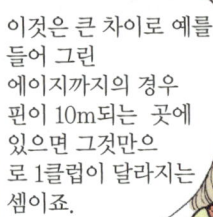

이것은 큰 차이로 예를 들어 그린 에이지까지의 경우 핀이 10m되는 곳에 있으면 그것만으로 1클럽이 달라지는 셈이죠.

또한 이곳처럼 고저차가 10m나 되면 공이 떨어져서 런이 없이 바로 그 자리에 박힙니다.

좋다! 이 모든 것을 계산에 넣어 나는 아이언 4번이다.

우왓 탑볼이다.

실컷 생각하고 진지하게 치지 않으면 아무 것도 안되잖아요

으아아- 장고 끝에 악수로구나.

맞바람이 세게 불어올 때의 샷은 바람의 영향을 덜 받는 낮은 공을 구사하라고 누차 말씀드렸습니다.

이는 백스윙과 팔로스루를 짧게 가져감으로 해서 낮은 볼을 만들어 낼 수 있기 때문입니다.

그러나 대부분의 아마추어 골퍼들은 이 짧은 샷 구사하기를 어려워합니다.

몸에 밴 풀스윙이 그대로, 특히 팔로스루에서 팔을 쳐들어올리기 때문에 결국 공이 뜨고 맙니다.

스윙을 짧게 하는 방법중의 하나는 스탠스를 넓혀주는 일입니다.

스탠스를 넓혀주면 몸의 회전이 둔한 만큼 짧게 팔로만 치는 느낌으로 낮은 공을 치기가 쉬워집니다.

제 6 장

심리 골프

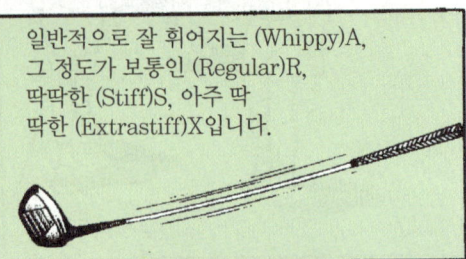

제 7 장
매너, 룰

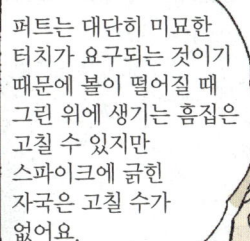

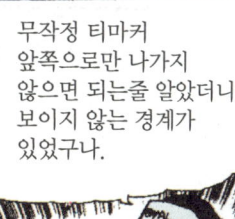

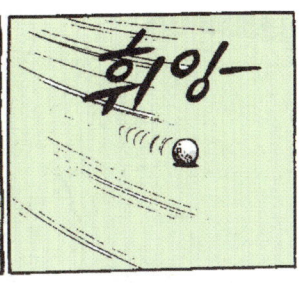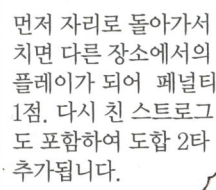

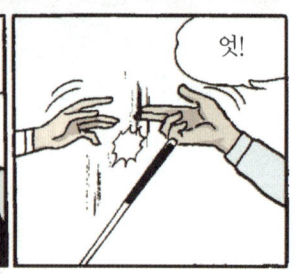

그건 조사장님이 잘못하신거예요.

퍼팅은 매우 예민하고 긴장된 순간을 요구합니다.

상대방이 퍼팅할 땐 소리내거나 움직이지 않는 것은 말할 필요도 없고 라이선상. 즉 홀컵 방향의 뒤나 앞에서 비켜줘야 합니다. 플레이어의 시선을 자극하기 때문입니다.

제 8 장

홀 공략법

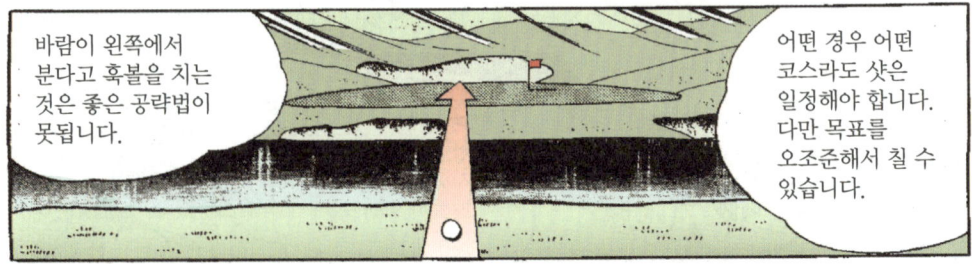

전 해저드에 빠졌으나 한번 더 공략해 보겠어요.

아까의 오만은 벗어 던지고 겸손하게.

박여사님의 공이 그린오버벙커로 들어간걸 봐서 뒷바람이 의외로 강한 모양이니…

뒷벙커에서 잘못하면 다시 연못으로 빠질 수 있을테고…

차라리 뒷벙커 왼쪽을 노려보겠어요.

와! 나이스온.

탁형의 이번 공략은 무척 좋았어요.

처음부터 그렇게 칠걸.

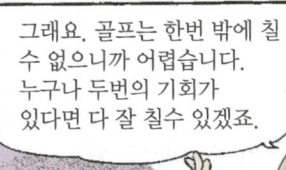
그래요. 골프는 한번 밖에 칠 수 없으니까 어렵습니다. 누구나 두번의 기회가 있다면 다 잘 칠수 있겠죠.

그러나 2번치는 효과를 얻을 수 있는 방법이 있습니다.

그것은 앞에 친 사람의 클럽, 샷, 타구를 잘 봐두는 겁니다. 공이 그린에 떨어져 멈출때까지 바람에 의한 영향상태, 그린을 벗어난 경우 어느 쪽에서 어프로치가 용이한 가를 계산해야 합니다.

서로 오너해보려고 애를 쓰지만 역시 먼저 치는 것은 불리해.

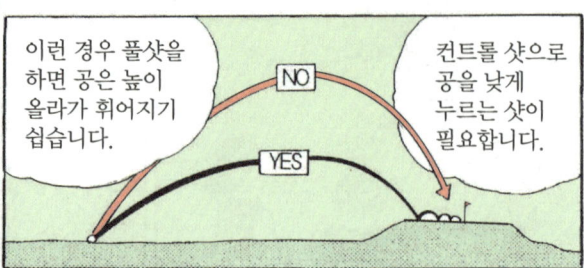

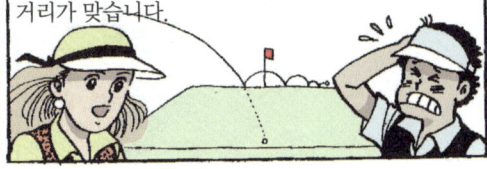

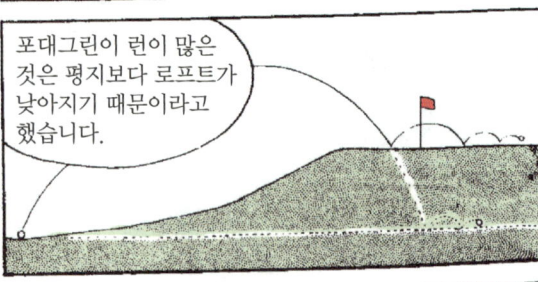